ALMA DE CEBOLLA

ALMA DE CEBOLLA

M. CARMEN SÁNCHEZ MONSERRATE

Valparaíso
EDICIONES

Número 522 de la Colección VALPARAÍSO DE POESÍA
dirigida por FEDERICO DÍAZ-GRANADOS

Diseño de la colección: Chari Nogales
Imagen de portada: Peter Vahlersvik

Primera edición: septiembre de 2025

© De los poemas: María del Carmen Sánchez Monserrate

© Valparaíso Ediciones
C/ Fray Leopoldo, 7 bajo, 18014 Granada
www.valparaisoediciones.es

ISBN: 979-13-87538-87-3
Depósito Legal: GR 1172-2025

Impreso en España - *Printed in Spain*
Gráficas Gami

ALMA DE CEBOLLA

EN LA DISTANCIA

Sopla el viento sobre las ramas verdes,
sobre tu dulce aliento.
Mirando al cielo los árboles y las hojas
del jardín del silencio.

Sola me miras, petirrojo rojo,
cantando a tu amada,
cortando la tarde con tu sonido,
chisporroteante, corto.

Un chasquido de la ventana
anuncia que está lloviendo.

Llueve siempre,
en este país del otro lado del tiempo.
Llueve también en mi memoria,
las blancas tardes en tu suave pecho.
Quiero correr como el agua a tu lado,
mojar tu lecho de agua y sal,
de húmedos besos.

MEDITERRÁNEO

Sol mediterráneo de fuego en el firmamento.
Acaríciame la piel,
envuélveme con tu aliento de vida clara.

Me tumbaré bajo tus rayos poderosos
en las tardes de primavera,
sobre la suave arena,
sobre la verde hierba.

Sestearé bajo tu manto de luz cálida,
mientras la brisa sopla,
mientras las olas suenan.

Me quedaré aquí,
en el mediterráneo azul,
mientras tenga vida,
mientras tú me quieras.

VINO

Tumbados sobre la hierba estuvimos,
entrelazados tu cuerpo y el mío.

De verdes abrazos y blanco rocío,
el uno en el otro susurrando al oído.

Queriéndonos entre rosales y espinos,
y... solo pétalos suaves bajo tu piel,
bajo la noche, ...y el vino encendido
de tus besos en los míos.

PLENILUNIO

Al final del día me fundiré con la noche,
navegaré con las estrellas sobre los montes.
Cabalgaré deprisa con los cometas,
iluminando el mar y la arena.

Exploraré el océano nocturno,
rodeando a la luna llena.
Dibujaré perfiles en el horizonte,
de luz azul, de luz violeta.

Me subiré a cada una de las rocas,
de las piedras.
Seré noche, y cubriré con mi manto la tierra.

No quisiera que amaneciera.
Me gusta sentirme de plenilunio,
de noche clara, de blanca vela.

Quiero ser siempre luna redonda de primavera.

CAMINAR

Nada me sabe a tierra verdadera,
salvo tus besos festivos en la noche.

Nada me conecta con la vida,
salvo tu aliento cálido en mi cuello.

Mi sangre solo se alimenta
de tus sentidos puestos en mi piel.

Poco quiero conservar salvo tu cuerpo preñado de vida
    a mi lado.
Nada deseo realmente, salvo tu mano junto a la mía
    al caminar.

LUCÍA

Me gustaría verme en tus ojos siempre, con la misma
    claridad que ahora.

Me gustaría que el tiempo no borrara la límpida pupila
    que reflejas en la mía,
que los años venideros no mancharan la nítida verdad
    que trasluces al mirarte.

Deseo para ti que el tiempo, tu tiempo, te sea grato
    y te quiera,
que cuide de ti como una madre;
que te acompañe de la mano y te conduzca por
    los interminables senderos de la vida,
y que,
cuando las hojas caigan y las flores se marchiten,
sigas mirando adelante con la luz clara que reflejan
    tus pupilas.
La misma con la que me veo ahora,
la misma con la que me miras cada día.

MUEBLES ROTOS

No sé si es posible arreglar los muebles rotos,
golpeados con rencor por el martillo del tiempo.

No sé si se pueden recomponer los trozos de la loza rota
    sin palabras,
con violentos gestos y destructivos silencios.

Ignoro si todo lo fragmentado podré pegarlo alguna vez.
Hay trozos tan pequeños que ni siquiera los encuentro.

Por más que busco, no sé si entre tanta confusión
    y desconcierto,
podré ordenar cada pequeño pedazo de mi universo;
roto en mil fragmentos una mañana que no era gris,
    hasta que hablaste,
y la explosión hizo añicos el sol, dejando sin luz el cielo.

A oscuras camino desde entonces, tanteando los bordes
    con los dedos.

Saldré de esta angustiosa ceguera.
Me sobrepondré a la oscuridad,
incluso, aunque no me quieras.

VUELTA A EMPEZAR

Tras muchas idas y venidas,
tras muchos desencuentros,
decidí volverme a enamorar.

Rasgué mi piel y mi carne.
Abrí mi cuerpo sin obstáculos,
me inundé de tu saliva dulce,
bajando las barreras de recelos.
Buceé en ti y dejé que fuésemos otra vez una fusión
    profunda mezclada de besos.

Dejé que tus manos y tus dedos pasearan libremente
    por mis huesos.
Sin atesorar para mí ninguna esquina,
ningún rincón del alma ni del cuerpo.

Me volví adicta a esta pasión que me inunda cada vez
    que te veo.
Adicta a tu amor, a tu deseo, a tu sabor marino
    en mi boca de fuego.

Ahora que te he abierto las puertas de par en par.
Ahora que te he permitido mirar en cada uno
    de mis rincones.
Ahora que he dejado que tu aroma impregne todos
    los cajones de mi alma,
ahora, dices que te quieres ir, que te alejas.

Espera.
Deja que me arranque el corazón y lo entierre.
Espera un poco, debo dejarlo clavado en la tierra,
    bien sujeto.
Espera a que se muera.

Cuando esté vacía, cuando ya no sienta nada.
Cuando en mi pecho solo quede una oquedad,
    un oscuro y profundo agujero,
estaré preparada parar verte marchar y oírte decir
    que el amor ha muerto.

ALMA DE CEBOLLA

Tengo alma de cebolla, sí.

Soy una cebolla con infinitas envolturas de recuerdos.

Vestidos muy antiguos, puestos unos sobre otros.
Vestidos de amor casi adolescente,
de tardes, de besos en la calle,
de encuentros furtivos entre exámenes, calor y nervios.
De domingos de pipas y saliva,
de lenguas encontradas por primera vez,
de sexo clandestino e inexperto.

Tengo blusas de viajes con abalorios griegos,
faldas de otoños enamorados,
y abrigos de gélidos desencuentros.
De tardes amargas y grises,
de desamor profundo y cruento.

Atesoro zapatos de miles de leguas que he recorrido contigo.
Media vida andando juntos.
Sandalias de paraísos y botas de barrizales.
Zapatos para montañas escarpadas, de triunfos y éxitos.

Todo lo llevo puesto.

Tengo que quitarme cada una de las prendas
    que llevo encima,
cada uno de los recuerdos.

Cuando me desnude y me desprenda de ellas,
las dejaré en el camino.
No miraré atrás.
Me vestiré con otros recuerdos
y pensaré que estás muerto.

ATARDECER

Al caer la tarde,
una de esas largas y cálidas tardes de junio,
paseaba a ras de suelo, con el sol ante mis ojos,
    bajo el horizonte, casi rojo.

Un impecable cielo azul apenas manchado
    por ínfimas nubes
y dos golondrinas rompiendo el silencio,
casi irrepetible, pero real.

Pensaba entonces si existe algo más veraz,
algo más allá de ese cielo cortado por el vuelo audaz
    del emblemático pájaro de la primavera.

No sé si apenas otra cosa puede revelarme
    un misterio sutilmente intuido.
Quizá no existe nada más,
solo el azul inmaculado y un par de pajarillos en el aire,

PURA VIDA

Cuando te miro, veo la vida apostada en la esquina
    de tus ojos.
Esperando furtiva su momento.

Veo los amores que te rondarán y te romperán el corazón.

Veo el deseo de beber de todos los vasos, de comer
    de todas las frutas;
de zambullirte de lleno en la vida y bañarte en sus aguas,
de buscar en todos sus senderos.

Veo la urgencia de encontrar tu lugar,
tu propia esencia de mujer joven y con talento.

Siento miedo.

Temo que, en una de esas esquinas, te encuentres cara a cara
    con el dolor.
Sé que debes hacerlo.
Vivir consiste en eso, en incorporar con sabiduría el dolor
    y el sufrimiento.
No puedo protegerte siempre. Has de crecer.

Confío en tu naturaleza fuerte
y en tus recursos amasados todos estos años con amor
    y tiempo.

La vida te hará sufrir como a todos
y te hará más fuerte con ello.

Me duele el sufrimiento por venir y el que intuyo
   cuando te veo.

Debo dejarte tropezar y que sola te levantes.
Solo así aprenderás a hacerlo.

Espero tener sabiduría para mirar desde mi esquina
Y tenderte la mano cuando la pidas, no antes ni después.

Espero…

MALDITA ADOLESCENCIA

Cuando buceo en mis recuerdos sobre ti,
recuerdo, hija, el abrazo cálido de tus brazos.
Las horas nocturnas de fiebre y cansancio,
el sonido entrecortado de tu aliento.

Quise darte todo el tiempo que yo no tuve.
Quise quererte. Hacerte rica de amor,
jugar contigo hasta acabar derrotadas por el sueño.

Cuando te miro ahora, duele evocar esos momentos.

Te siento perdida entre tus incertidumbres
    y el sufrimiento de crecer,
de ser adulta.

¡Qué extraña y lejana te siento casi siempre!
¡Qué escozor tan grande en el alma!

Te aíslas y te encierras en ti misma una y otra vez,
acompañada por nocivos ayudantes.

¡Qué dolor!
¡Qué sufrimiento tan atroz!

Aquel cuerpecillo lleno de vida, tan rebosante de alegría,
    vitalidad y energía,
cada vez más extraño, más gris,
explorando nuevos territorios sin salida.

¡Qué enorme desconsuelo!

Quisiera desaparecer antes de todo, convertirme
    en un punto negro.
Punto final, sin sufrimiento.

MAR

Solo sentada frente a ti,
enorme horizonte inacabado que eres, mar,
percibo la distancia tan infinita
 y a la vez tan mínima que nos separa.

La eternidad se mezcla entonces con la vida y la muerte,
y en un torbellino quietamente cristalino
puedo levemente vislumbrar la esencia de las cosas,
el misterio del ser,
el fugaz sentido de la existencia.

Solo sentada frente a ti,
en las naranjas tardes de otoño,
cuando el sol cae inmenso
rompiendo la perfecta línea que dibujas, mar,
solo entonces, por un instante,
me siento realmente en paz

y de agua salada, como tú.

EN GUERRA

Me ha costado acostumbrarme a ti, a tu nuevo yo.

Tan alegre, tan luminosa, tan divertida…

Un día, de repente, te levantaste gris.
No sé qué te pasó durante la noche,
Como si un ente extraño hubiese invadido tu cuerpo.

De repente, te declaraste en guerra
y comenzaste a disparar.
Primero perdigones de silencio y llanto.

Después, balas de cruda soledad violenta y negra.
Misiles de profundidad.

Llegué a desear que uno de esos misiles me volase el corazón
para desaparecer sin remedio.

No se muere de silencio y desamor,
pero se desea la muerte.

Ha sido una transformación violenta.

Aún no sé cómo es la mariposa que escondes,
ni si aún le falta mucho para salir.
Aún tenemos alguna batalla pendiente,
aunque ya se atisba, a lo lejos, la tierra de la paz.

LA FUSIÓN

En la hora malva con la que termina el día,
siempre me siento en trance,
quizá un poco muerta,
como el sol,
como el día que se va.

En esa hora que separa la luz de la oscuridad
me veo a mí misma como un punto en el espacio,
extrañamente lejana,
fuera del cuerpo que me contiene.

Me fundo con el horizonte alejándome de mí,
del cuerpo que me pesa.

Me convierto en luz violácea, rosa, anaranjada.
Me despojo del lastre de la carne,

Me muero un poco, sin duda.

Quizá la muerte sea eso: perder la conciencia del yo,
diluirla en la tierra.

ABUELA

¿Por qué te recuerdo tanto?

Cuando las tardes se acortan
por el inexorable paso de los días,
te recuerdo con nostalgia,
con una melancolía que me aflora desde dentro
y se desborda por los ojos,
hasta caer fuera de mí.

Te recuerdo con nostalgia, sí,
con la melancólica tristeza
de los días vividos con tranquila placidez,
de las tardes como esta transcurridas junto a ti,
sintiendo la ternura de tu abrazo,
de tus ásperas, pero cálidas manos en mi piel.

Te echo de menos,
y, evocando el tiempo a tu lado,
a pesar de los años transcurridos,
el hueco que dejaste sigue ahí,
no se ha llenado.

Creo que parte de eso es el vivir:
perder paraísos en el camino, que dejan oquedades
    en el ser que nunca se llenan
y, a pesar del vacío, recomponer el alma
y tejer largos y elásticos hilos para mantener entero
lo que uno íntimamente es.

MINERAL

No soy de carne, piel y huesos,
soy de tierra en las entrañas.
Tengo grava en la sangre,
mineral en la mirada.

Sé que soy polvo de estrellas,
del ayer y del mañana.
Cada átomo que encierro no es mío,
fue de otros, será de alguien,
quizá formará parte de la nada,
más allá de infinitos oscuros,
de negros agujeros,
lejanos en el cosmos.

Cada poro de mi piel y mis sentidos
no es más que parte del todo.
Ni siquiera mi cuerpo es mío.
¿Cómo podría poseer algo?

Nada me pertenece,
ni quiero que así sea.

Cuando mi cuerpo se deteriore,
cuando me rompa en pedazos,
cuando muera,
millones de estas moléculas
que ahora escriben y piensan
serán el polvo que tú pisas,

la planta que te alimenta,
el pájaro que canta libre,
el cielo sobre tu cabeza.

MAYO

Mirando la luz azul del cielo de primavera,
me siento llena de abril, de mayo,
de flor y tierra.
Llena de naranjos en flor,
de azahar, de vinagrillo y hierba.

Tanta energía me explota en la cabeza.
Puedo sentir las hormigas, las hojas, las abejas.

¡Qué milagro de luz y color,
de variabilidad,
de compleja sencillez,
de vida bella!

LO COTIDIANO

Al final solo lo cotidiano es importante.

La vida se compone de infinitos cotidianos
unidos en un todo inmediato y frágil.

Frágil por lo que cuesta de mantener unido,
por la rutina diaria de construirlo,
por el esfuerzo enorme de embellecerlo,
por el trabajo generoso de enriquecerlo.

A veces me aplasta el peso de cada día,
porque me siento sola,
arrastrando el enorme lastre de fabricar
los fragmentos del tiempo cotidiano,
el vulgar, el que nadie mira.

AMOR

El amor no tiene nombre, ni color, ni sexo.
El amor se define solo por el roce de los amantes,
por las pieles enlazadas por largos besos,
por el olor del otro inundándote.

El amor no entiende de contratos ni convencionalismos.
El amor solo habla en el lenguaje que cada dos hacen
    para sí mismos.

El amor es complicidad eterna, juego de los sentidos,
conocimiento sin palabras del alma
    del otro cómplice elegido.

El amor somos tú y yo en nuestro paraíso.

DESENCUENTRO

Tanto amor y odio juntos,
no sé cómo lo hicimos.

Quise decir algo,
y mi boca se extravió en el camino.
Tus oídos no escucharon,
mis palabras cayeron en el vacío.

Tú en silencio,
yo en el mismo sitio.
Ambos heridos.

Al día siguiente pensarás,
¿Por qué no me escuchó?,
y yo diré: ¿por qué no hablaste conmigo?

¡Ay, amor, cuanto te extraño!
Cuando no siento tu cálido aliento en mi cuello,
cuando tus manos ausentes
no recorren mis caminos de piel.

CUERPOS

Echo de menos encontrar cada retazo de tu alma
en los ojos que me miran profundos,
mientras tus labios acarician cada esquina de mi ser.

Me gusta el contacto suave de tu cuerpo,
perfectamente conocido; su olor,
la cercanía que siento hacia él,
el entendimiento perfecto sin palabras,
el sendero explosivo hasta el fin del placer.

Suavemente, como un arrullo, me mimas,
y así me quedaría hasta volver…

¡Cuando te extraño, amor,
cuando no estás paseando sobre mi piel!

ANSIEDAD

Ansiedad, molesto huésped inoportuno,
qué rápidamente te instalas sin ser llamado.

Me atas y me arrastras involuntariamente de un lado a otro,
a lo largo de todas las dimensiones posibles.

Sobre una espiral vertical me transportas
angustiosamente hasta la cumbre,
dejándome caer desde lo alto,
sin escalones, en caída libre,
fragmentándome en el espacio, en añicos invisibles.

Me unes de nuevo y me arrastras,
esta vez a lo largo del más horizontal de los caminos,
perpendicular a cualquiera de las rectas anteriores,
en trepidante carrera hasta el final.

Me detienes de pronto, secamente
y de pura inercia me rompo de nuevo
y fragmentada otra vez en mil pedazos
me expandes y aplastas, me comprimes,
moldeando el tenue ser que soy.

Cansada me apartas a un lado
para coger otra víctima y andar de nuevo jugando.

Volverás de nuevo, lo sé.
Periódicamente te espero,
como se espera el otoño o el verano.

Irremediablemente vendrás,
con la certeza absoluta de lo inevitable te aguardo,
y por mucho que me atuse, me recomponga y me enderece
sé que de nuevo harás de mí un guiñapo
y estrujándome me romperás de nuevo en mil pedazos.

POESÍA

Me desperté un día y habías venido,
calladamente, en silencio,
como el otoño se instala de repente,
arrebatándonos las tardes del verano.

Comenzaste a tocarme con tus manos
invisibles a los ojos, inalterables al tacto.

Fuiste creciendo poco a poco,
como la yedra en primavera,
enraizándote en la piedra de la carne,
sin dejar huella.

Te colaste dentro sin ser llamada,
no sé a qué razón obedeciste,
pero una tarde, ya no sé cuando,
estabas aquí, sin anunciarte.

Me susurrabas versos al oído,
que obstinados quisieron ser palabra escrita
por el lápiz de mi mano.

No sé porqué me utilizaste,
ni quisiste ser mi compañera.
Ahí estabas sin darme cuenta,
engarzada en mi alma, poesía, para siempre.

BELLEZA

Posiblemente la belleza sea la única batalla digna de librarse.
La visión de lo bello, lo único que hace menos penosa
    la existencia.
La sensación de lo hermoso, lo único que libera
de la fangosa mezquindad de los humanos.
El bello sentimiento compartido, el único motivo de alegría.
La belleza imaginada, la única esperanza por vivir.

Miraré fijamente la belleza en la distancia,
evitando la mirada ruinosa.
Conservaré el atisbo de ternura
que emana finamente casi siempre.
Cerraré los ojos al repugnante lado miserable
que vuelve las almas maliciosas,
y olvidaré el rostro monstruoso de la barbarie.

Solo así podré sobrevivir,
mantener un poco de cordura entre fango, suciedad
    y podredumbre.
No quiero que me engulla la tierra cenagosa.
No quiero que me pueda la negrura.
No quiero despertar un día y descubrirme incapaz
de percibir el destello de belleza de las cosas.
No permitiré que me llenéis de lodo las entrañas,
y me arrastréis al abismo del violento ocaso.

Miraré la belleza para siempre,
incluso la que quedó atrapada en vuestro pasado.

HADA

Animal compañera, Hada amiga.
Cuerpecito peludo repleto de vida.
Alegre hasta el infinito,
buscando siempre el juego, la caricia.
Contenta nos saludabas una y mil veces si era necesario.

En tu deber de fiel compañera,
nos enseñaste mucho más de lo que te dimos.
Contigo aprendimos a sonreír a la nostalgia,
a vivir cada instante como el último designio.
Nos enseñaste a liberarnos del tiempo,
a centrar en el presente todos nuestros sentidos,
a comprender que el tiempo no existe,
solo el inmediato segundo que vivimos.

Amiga animal, compañera Hada,
te doy las gracias por todo lo que vivimos.
Lo que nos diste generosa sin saber siquiera lo que hacías.

En forma de perro negro la muerte te esperaba,
agazapada en la noche, acechándote en silencio
hasta encontrar el preciso instante en que abalanzarse
    sobre ti.
Con sus tremendas fauces te partió en dos, Hada amiga,
sin permitirme ni un instante hacer nada por ti.

Hada, amiga ensangrentada,
herida mortal de mil heridas,
manando sangre y vida derramadas.
Hada fiel, perra buena,
se te escapó la vida prematura.

No pude mirarte a los ojos, lo confieso
y ver en ellos el pánico, las fauces del perro negro,
el horror, la sangre, el sufrimiento,
la certeza absoluta que tenías de dejarnos para siempre,
Hada querida.

La muerte siempre nos arrebata
a zarpazos crueles lo que queremos.
No pudimos decirte adiós mi fiel amiga,
ni tan siquiera ahorrarte un ápice de sufrimiento.

Te rendimos homenaje como noble ser que eras,
desde esta tierra en la que quedamos.
Animal compañera, amiga Hada,
nuestro amor para siempre te guardamos.

SABOR AMARGO

Quítame el sabor amargo de la ceniza
que quedó en mi boca cuando no estabas.

Quemé los besos que no te di,
y el amor ardiente que me guardé,
el que pediste y no te daba.

Me entristecen los viajes que nunca hice,
las noches locas que no agoté,
las lunas llenas que no vi,
las suaves caricias que evité.

Me arrepiento de lo que pudo ser y no fue,
de todo lo que se acercaba y no llegaba.
Me duelen las pasiones que no cuajaron,
y las madrugadas.

Guardo un recuerdo agridulce de sueños rotos,
de anhelos quebrados en el camino,
de rutas viajeras que se esfumaron,
de aspiraciones de humo.

EN LA NOCHE

Me gusta mirar al mar cuando la noche se acerca,
cuando el sol se oculta en el horizonte y agua
    y cielo se mezclan.

Seré entonces velero y navegaré entre la bruma,
sin rumbo fijo, confundiéndome con el aire,
por encima de mar, olas y viento.

Me sumergiré en la superficie cristalina,
empapándome de pura mar,
de salitre y algas frescas.

Me perderé en el mar cuando llegue la noche,
cuando se duerma el día,
sigilosamente, sin que tú lo sepas.

COMUNIÓN

Bajo el silencio, me siento
a la sombra de un olivo.

No espero nada, solo escucho.
Escucho el sonido de los pájaros y grillos,
de las hojas, de las flores, de la hierba.

Déjame en silencio, quieta.
No me hables ahora.
Déjame sola.

Permíteme fundirme con el aire que respiro,
con el polvo del camino,
con las nubes, con el agua,
con el susurro del viento en mi cara.

No digas nada, calla.
Difumínate en la nada.
Saborea el instante mágico
de prescindir de ti mismo,
y arrastrarte etéreo con la naturaleza.

A MI AMANTE-COMPAÑERO

Quisiera vivir cien vidas para mirarte a los ojos,
y diluirme en el brillo de tu mirada,
navegar por el profundo abismo que te acompaña,
reflejarme en la luz de tus pestañas.

Solo tengo una vida para quererte, y me basta.

No necesito cien vidas.
No te querría más ni mejor de lo que ahora mi amor alcanza.

CAMINAR

Siempre estamos solos en los momentos intensos,
cuando la vida viene a nosotros,
cuando sentimos que sale a nuestro encuentro.

Solos andamos por el espacio y el tiempo.
Sé que los tragos amargos solo son míos,
no puedo cederlos,
pero te agradezco que me tiendas la mano,
que me estreches contra tu pecho,
que me ofrezcas un lazo para no perderme en el silencio.

Gracias por tu llamada,
por tu voz cálida,
por tu paciente escucha,
por compartir conmigo tus propios silencios.

METÁLICO FUTURO

Mirando por el cristal,
un buen día me encontré con que los árboles habían
    cambiado,
ya no se distinguía el verde de las hojas
susurrando lánguidamente en las tardes de otoño,
con ladridos de perros al fondo.

Grúas de hierro metálico y rectilíneo
aparecen fijas en el espacio, no tan lejos de mí;
transformando ante mi vista impotente e inútil
el paisaje tantas veces contemplado.
Avanzando silenciosa pero implacablemente,
socavando los últimos vestigios de la naturaleza marginal
que hasta ahora sobrevivía, casi agonizante.

Sabía desde siempre que este día llegaría,
que la naturaleza más o menos virginal tenía
    los días contados,

pero...

¡Cuánto me duele ver las espigas de acero acercándose
    hacia mí!
¡Qué tristeza que todo desaparezca!
¡Qué terrible desconsuelo no oír más el mochuelo,
el mirlo, el petirrojo, la garceta y el colirrojo!

Ya no podré pasear contigo entre campos llenos de flores
    en primavera.
Ya no te podré enseñar a hacer figuritas de barro
    cuando llueva,
ni verás los caracoles tras la lluvia, ni los murciélagos
    anunciando la noche.

No verás las lagartijas en verano tumbadas plácidamente
    al sol,
ni los escarabajos de oro verde paseando con paso firme
    por el suelo.

No sé qué podré enseñarte, mi hija querida,
ni hacia dónde podrás mirar para buscar consuelo.

Otro mundo menos metálico quisiera para ti.

¡Qué mundo terrible te dejaremos!

ÍNDICE